LA GRANDE GUERRE

PILLAGES et DESTRUCTIONS

LES
RESPONSABLES

LE DROIT DE REPRISE DIRECTE

PAR

Henry GOULLEY

Préfet Honoraire

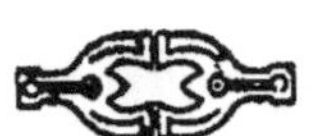

H. FLOURY, Éditeur

PARIS — 1, Boulevard des Capucines, 1.— PARIS

1917

1 fr.

LES RESPONSABLES

LA GRANDE GUERRE

Pillages et Destructions

LES
RESPONSABLES

Le Droit de reprise directe

par

HENRY GOULLEY

Préfet Honoraire

H. FLOURY, Éditeur

PARIS — 1, Boulevard des Capucines, 1 — PARIS

1917

LES RESPONSABLES

I

ON DÉLIBÈRE . . . . .

Au commencement de février 1916, huit hauts fonctionnaires de compétence indiscutable reçurent l'ordre de se réunir en conférence, avec mission de « procéder à une « *étude préliminaire* des mesures *qu'il peut y avoir lieu* de « prendre pour aider à la reconstruction des immeubles « totalement ou partiellement détruits, et à la reconstitu- « tion de l'outillage anéanti ou détérioré dans les territoires « envahis. »

C'est dans ces termes précis, prudemment mesurés, que le Gouvernement formulait alors une question des plus graves.

La mesure proposée n'avait rien de hâtif, car c'est par millions déjà que se comptaient les immeubles détruits, bâtis ou non bâtis, et par dizaine de milliards que pouvaient être évaluées les pertes (1).

---

(1) Cette évaluation n'est pas celle de M. Leroy-Beaulieu, qui, dans une communicatiion présentée à l'Académie des Sciences morales et politiques, estime qu'en aucun cas le coût de la réparation ne saurait dépasser 1,200 millions.

Quelle que soit la valeur de ces calculs, pris à leur date, le fait seul que la guerre amène chaque jour des dommages nouveaux s'oppose à ce qu'on en accepte les résultats.

Il y avait donc lieu, personne n'en doute, non seulement de hâter les études préliminaires, mais de préparer des solutions qu'on pût appliquer immédiatement après la fin des hostilités.

Que, dans l'incertitude sur la durée de la guerre, les pouvoirs publics usent de réserve dans leurs déclarations et laissent au temps le soin de mûrir les solutions attendues, on le comprend, quelle que soit la juste impatience des sinistés de savoir à quoi s'en tenir.

Ce n'est pourtant pas être imprudent de « prévoir » dès maintenant que c'est l'Allemagne qui perdra la partie, et de « préparer » des solutions dont la charge devra lui incomber *directement*, et non à la France.

Si complète que soit la victoire des Alliés, notre situation financière et économique sera, au lendemain immédiat de la guerre, tellement grave, nous aurons tant à reconstituer, et aussi à créer, que nous n'hésitons pas à soumettre à l'opinion une solution formelle, toute différente de celle qui est proposée.

Qu'a-t-on fait jusqu'à présent ?

*
* **

Huit hauts fonctionnaires, avons nous dit, ont délibéré.

Après cette conférence fut constituée une commission interministérielle divisée en neuf sections, chacune sous la présidence d'un ministre.

> 1re section. — Réorganisation des administrations et des services généraux essentiels. Président : M. Léon Bourgeois ;

> 2e section. — Reconstitution du sol, des voies de communication, des conditions essentielles de la vie locale (ravitaillement, besoins économiques essentiels). Président : M. Sembat ;

3ᵉ Section. — Organisation du retour des réfugiés et reconstitution d'urgence des moyens d'habitation. Président : M. MALVY ;

4ᵉ section. — Reconstruction des villes et villages, plans d'alignement et de nivellement. Hygiène, esthétique, avec trois sous-sections : villes (plans d'alignement et de nivellement, hygiène) ; villages (plans d'alignement et de nivellement, hygiène); monuments et art public. Président : M. Jules GUESDE ;

5ᵉ section. — Reconstruction des immeubles détruits. Mesures pour faciliter l'acquisition de la petite propriété (lois Ribot). (Matériaux, main-d'œuvre, transports à bon marché). Président : M. MÉTIN ;

6ᵉ section. — Restauration économique agricole (outillage et matières premières). Président : M. MÉLINE.

7ᵉ section. — Restauration économique industrielle (outillages et matières premières). Président : M. CLÉMENTEL.

8ᵉ section. — Voies et moyens financiers. Président : M. RIBOT.

9ᵉ section. — Questions juridiques et législatives. Président : M. VIVIANI.

La Commission a, en outre, mis à l'étude l'organisation de commissions consultatives auprès des sections.

Ensuite on a dressé la liste des villes et villages incendiés ou bombardés et des usines détruites, en deçà du front actuel de nos armées ; mais, de la zône encore occupée par l'ennemi, nous ne savons rien de précis. On estime, semble-t-il, qu'aucune constatation n'est possible, qu'aucune évaluation ne peut être faite ni de la nature, ni de l'importance, ni de la variété des dommages, et il paraîtrait que tout ce que l'on puisse tenter aujourd'hui soit d'étudier, en théorie générale, le genre et le mode des indemnités qui sont dûes aux sinistrés et les moyens financiers pour y faire face.

*
* *

On discute en ce moment la loi de réparation des dommages de guerre.

Si longue et si parfaite qu'en aura été l'élaboration, que vaudra-t-elle, cette loi, quand il faudra passer à l'application ?

Personne ne le sait encore, puisque la valeur de cette loi dépend de l'étendue des dommages à réparer. S'agit-il d'un milliard, comme le pense M. Leroy-Beaulieu, ou de bien davantage, comme il est probable, on ne l'a pas cherché, scientifiquement ni pratiquement.

S'il faut remanier cette loi deux ou trois fois, à la lumière des constatations que le temps apportera ; s'il faut attendre le ou les règlements d'administration publique nécessaires pour le détail des moyens d'application, nous aurons, une fois de plus, oublié que nous sommes en un temps où toute solution presse, où la promptitude d'exécution s'impose.

Que la guerre finisse dans six mois ou dans un an, nous ne serons pas prêts.

Et nous voilà pensant à la fable du bon poète Mousseron dont la gaîté a si souvent réjoui nos compatrioies de la région du Nord, quand il était permis d'être gai :

Un escargot décida de passer un pont. Il y parvint en vingt-quatre heures ! Arrivé sur l'autre berge, il entend du bruit, se retourne et constate que le pont vient de sauter.

« Ah ! dit-il, sans mon agilité, je serais broyé et au fond de la rivière. »

*
* *

Or, nous voudrions montrer qu'on peut agir en même

temps qu'on délibère. et commencer dès maintenant l'inventaire de *toutes* les pertes.

A la fin de juin 1916, une statistique, dressée au Ministère de l'Intérieur. sur les destructions d'immeubles résultant de faits de guerre dans les régions dévastées, *non compris celles encore occupées par l'ennemi*, donnait les chiffres suivants :

753 communes qui se répartissent ainsi : Nord, 23 ; Pas-de-Calais, 71 ; Somme, 34 ; Oise, 59 ; Seine-et-Marne, 35 ; Aisne, 51 ; Marne, 258 ; Aube, 2 ; Meuse, 59 ; Meurthe-et-Moselle, 109 ; Vosges, 53.

Ces 753 communes, presque toutes agricoles, sont détruites, en totalité ou en partie.

Le nombre des maisons atteintes est de 46,263 dont 16,669 sont complètement en ruines, et 25,594 ne le sont que partiellement.

Dans 428 communes, ont été frappés 221 mairies, 379 écoles, 331 églises, 60 ouvrages d'art, 306 bâtiments divers affectés à des services ou usages publics.

56 étaient classés comme monuments historiques.

A la même époque, fin juin 1916, *2,554 autres communes* étaient encore occupées par l'ennemi, et 247 avaient dû être évacuées.

*
* *

Cette simple énumération n'a que trop d'éloquence.

On y trouve le premier élément, très sommaire, des dossiers dont il serait nécessaire de commencer, dès maintenant, la préparation vue de l'heure où s'imposera *l'acte de la réparation.*

L'opération est tellement énorme, les modalités en sont si compliquées et si multiples qu'une activité exceptionnelle s'impose, dès aujourd'hui, non pas pour dégager les termes du problème, car il est posé très nettement, mais pour en abréger les calculs et tenir les solutions prêtes.

Nous entendons de merveilleux discours, nous avons lu des rapports lumineux, nous suivons des discussions pleines d'intérêt, inspirées par les vues les plus hautes ; une loi s'élabore et proclame pour la première fois le devoir de la solidarité nationale.

Tout ces travaux sont admirables, mais s'ils doivent continuer jusqu'à la fin de la guerre, nous devons travailler, d'autre part, à ce qu'ils ne soient pas, finalement, inutiles, la seule mise en œuvre pouvant en déterminer la valeur.

Si, en face des dures réalités du temps actuel, il est permis de se souvenir des mythes anciens, nous dirons que les temps sont passés où Amphyon, fils de Jupiter, reconstruisait les remparts de Thèbes aux sons harmonieux de la lyre d'or, donnée par Apollon.

En ces temps-là, les pierres écroulées s'inspiraient de la belle harmonie et revenaient toutes seules reprendre leurs assises, depuis les fondations jusqu'à la corniche.

On conviendra qu'un autre effort est nécessaire aujourd'hui et qu'à l'étude du plan doivent s'ajouter la recherche et la préparation des matériaux pour hâter la mise à pied d'œuvre.

Dans ce grand débat, les hommes d'action et d'expérience, les esprits pratiques doivent *se faire entendre*, et aucunel colaboration, si modeste qu'elle soit, ne doit être écartée, si elle contribue à avancer d'un seul jour la reconstruction de la première maison qui renaîtra de ses ruines.

II

LE DROIT A LA RÉPARATION

Le principe du droit à la réparation a été posé dans la loi du 26 décembre 1914, en trois lignes de l'art. 12. Un crédit de 300 millions fut ouvert à cet effet.

Ensuite vinrent quatre décrets, en février, mars et avril 1915, se modifiant l'un l'autre, puis un cinquième du 20 juillet 1915, qui refond les quatre premiers en un texte nouveau et complété, tous ces documents traitant de la constatation éventuelle et de la réparation des dommages.

Puis, le 3 octobre 1916, il n'y eut plus rien de fait. On commença, à cette date, la discussion d'une loi de principe.

Tous les décrets ci-dessus se trouvent avoir été conçus en vue de l'application d'un principe dont la réglementation par une loi est encore à l'étude.

Des trois cent millions votés, neuf millions seulement ont été employés en une année à des secours d'urgence, à des installations de fortune dans les régions évacuées. On a pourvu aux cas pressents et pour le mieux.

Si l'on n'a pas fait davantage, le rapporteur de la loi de réparation nous en donne la raison (page 85 de l'annexe nº 2345) : « La bonne volonté du Gouvernement, dit-il, « n'est pas douteuse, mais les procédés à l'aide desquels cet

« argent est mis à la disposition des intéressés sont sans
« doute peu pratiques et mal adaptés aux circonstances. »

En citant la dernière phrase d'un chapitre du rapport de
l'honorable M. Desplas, nous nous garderons bien d'y donner une conclusion.

Nous voulons seulement y lire la nécessité de mieux déli-
bérer pour aboutir à la découverte de « procédés pratiques
et bien adaptés aux circonstances. »

Ces « procédés pratiques », nous ne les trouvons pas
encore dans la circulaire qui fut adressée le 1er juillet 1916
aux préfets des départements envahis, pour les informer
de l'état des travaux de la commission interministérielle
qui prépare la reconstitution des régions envahies.

« Tout ce qui peut être réalisé dès maintenant doit être
« exécuté, dit cette circulaire ».

Paroles excellentes, malheureusement vaines, puisque
dans le système de la commission, c'est la France qui doit
faire les frais de la reconstitution. Or, sur les moyens
financiers, le Ministre des Finances a fait connaître « que la
« reconstitution des régions envahies ne doit pas donner
« lieu à un programme financier rigide, établi *à priori*. Les
« dispositions à prendre seront nécessairement déterminées
« par les solutions législatives : la loi sur la réparation des
« dommages de guerre ; la nature et l'étendue des besoins ;
« les ressources locales ; l'ét .t des finances publiques ».

Avec de pareilles réserves, rien absolument ne peut être
exécuté dès maintenant.

« Tout ce qui peut être prévu doit être préparé », dit-on
encore.

Oh, alors, il est permis de prévoir que l'Allemagne sera
battue, que les Alliés iront occuper son territoire, que, chez
elle, on trouvera en abondance les matériaux, l'outillage, les
matières premières nécessaires à la reconstitution.

C'était même un devoir de le proclamer.

Ces matériaux, cet outillage, sait-on où la commission interministérielle propose de les prendre ? Dans les stocks que l'industrie française aurait constitués pendant la guerre en vue de l'exportation ! Où sont-ils ces stocks ? S'ils existent, le premier de nos besoins n'est-il pas, en les exportant, de reconquérir les marchés du dehors et de prendre des créances sur l'extérieur ? Là encore, allons nous laisser la place aux Allemands ? Gêner notre exportation serait favoriser la leur, quand il est tout indiqué d'aller leur prendre, outre ce qu'ils nous ont pris, ce qu'ils se préparent à nous vendre chèrement par l'intermédiaire des pays neutres.

Quelle que soit d'ailleurs l'importance de ces stocks, c'est, non seulement dans les pays envahis, mais dans toute la France, qu'aussitôt après la paix, et au retour des ouvriers, les travaux interrompus vont reprendre avec la plus grande activité : nos très faibles approvisionnements trouveront partout leur emploi sur place.

nvient donc d'aviser aux vraies solutions, les seules qui puissent servir. La reprise directe nous donnera ces solutions.

III

DES MATÉRIAUX D'ABORD

Dès le 22 mai 1915, la bonne voie était indiquée dans le rapport de M. Legouëz à la Chambre de Commerce de Paris.

On peut consulter ce rapport dont nous allons développer le sens.

A supposer qu'on mette sur pied une organisation qui procure au propriétaire d'une maison ou d'une usine l'argent ou le crédit nécessaires pour la reconstruire ou en reconstituer l'outillage, quel résultat aura-t-on obtenu ?

A peu près aucun, pour le moment et pour longtemps encore, si l'on veut bien se rendre compte que le propriétaire ou l'usinier ne trouvera ni architecte, ni ingénieur, ni entrepreneur, ni ouvriers, ni matériaux, fer, bois, pierre ou briques, acier, cuivre ou plomb, ni métiers, ni courroies, ni machines, ni rien de ce qui fera défaut sur le marché, ou absolument, ou à des prix possibles.

Parler actuellement de reconstitution peut s'entendre jusqu'à un certain point du commerce, malgré la difficulté des transports qui subsistera longtemps, mais pour les reconstructions, pour approvisionner les industries, l'impossibilité est indéniable et menace de continuer plusieurs mois après la fin de la guerre.

Qu'il s'agisse de la France ou de la Belgique, ou des autres pays alliés dont tout ou partie du territoire aura été occupé par l'ennemi, aucune reconstitution ne sera immédiatement réalisable, *si des moyens nouveaux ne sont pas envisagés.*

Voilà le fait dominant, d'où découle l'obligation de songer avant tout à la promptitude de l'exécution des mesures qui seront proposées et à la nécessité de les rendre immédiatement praticables.

Qu'on veuille bien considérer que le territoire allemand est indemne de l'occupation étrangère, que, peut être, il ne sera jamais occupé. Le temps que nous emploierons à relever très péniblement nos ruines, les Allemands vont le saisir dès le lendemain des hostilités : ils rallumeront immédiatement ceux de leurs fourneaux qui sont éteints, et il y en a fort peu ; ils reprendront leurs fabrications intensives, leurs moyens de produire étant intacts, sinon considérablement améliorés par l'apport des machines, métiers, outils, matières premières et matériaux que, pendant leur longue occupation de nos plus riches départements, ils ont méthodiquement déménagés de France en Allemagne, dans un but évident d'utilisation et d'adaptation immédiates. Ne sait-on pas qu'un grand nombre de sociétés allemandes donnent pendant la guerre à leurs actionnaires des dividendes de 10 à 35 o/o ?

Quant à nos industriels, avec toutes les indemnités et tout le crédit qu'on pourra mettre à leur disposition, ils manqueront, pendant un temps fort long, des moyens de reconstruire et d'outiller leurs nouvelles installations.

Pendant ce temps, non seulement ils ne produiront pas, mais ils perdront leur clientèle, déjà détournée par d'innombrables concurrents.

Cette crise de l'attente, il faut tout faire pour l'abréger. Donner de l'argent à un filateur pour acheter des métiers étant inutile, puisqu'il n'y aura pas de métiers à vendre ni

de laine sur le marché, il faut lui donner les métiers eux-
mêmes et les matières premières, après l'avoir muni, en
nature, des bois, des fers, des menuiseries ouvrées, de tous
les matériaux nécessaires pour remonter sans délai ses ateliers.

De deux choses l'une, ou bien nous envahirons l'Allemagne les armes à la main et nous l'occuperons, ou bien la
guerre finira d'une autre manière.

Dans le premier cas, nous commencerons par user purement et simplement de représailles et nous reprendrons,
chez eux, ce qu'ils auront tiré de chez nous, en y ajoutant
leurs propres matériaux.

Dans les deux cas, on devra stipuler qu'un des éléments
de l'indemnité de guerre à leur charge sera *prélevé en nature*
sur leurs stocks, leurs métaux, leurs forêts, leurs machines,
les métiers de leurs manufactures. etc., même sur leurs installations et leurs immeubles.

C'est cette solution que nous allons étudier en montrant
que nous sommes, tout autant que nos ennemis, capables
d'organisation.

A l'exemple de l'Allemagne et de son Office National pour
centraliser les prises faites en France, en Belgique et ailleurs, pour en organiser la distribution par le moyen de
dons ou de vente au commerce et à l'industrie, nous devrons,
nous aussi, créer un organe spécial, un Office National à
sections nombreuses, chargé, d'une part, de dresser les états
de pertes, et d'autre part, de recenser *les centres allemands
de réapprovisionnement*, après avoir étudié leur rendement possible.

A cette opération énergiquement menée, et qu'il est par-
faitement possible de commencer dès maintenant (nous
dirons comment tout à l'heure), nos ouvriers français,
revenus du front, exténués de la guerre, ne risqueront pas

de ne trouver au retour que le chômage et la misère. Ils auront immédiatement du travail assuré.

Qu'il s'agisse de l'usine, de la mine ou de la culture, cette crise du chômage pourrait devenir infiniment redoutable, et tout le monde est d'avis que le plus urgent de nos devoirs, au lendemain de la guerre, sera d'abréger ou de supprimer, *par tous les moyens*, le risque de cette crise à l'intérieur, économique et sociale.

IV

LE DROIT DE REPRISE

Etudions la question de ces reprises au point de vue juridique.

On enseignait, en Allemagne aussi bien qu'en France, que les belligérants doivent respecter la personne et les biens des non combattants.

Un Etat, disait-on, fait la guerre à un autre Etat, mais pas aux individus sans armes. Une ville ouverte, un village non défendu, un groupe inoffensif d'hommes et de femmes doivent être à l'abri des coups de l'ennemi.

Ce principe, où se révèle un souci d'humanité infiniment louable, n'a pas grand fortune dans le temps présent.

Sa place n'est encore marquée que dans le code futur de la morale des nations, mais, comme l'Allemagne et ses alliées se montrent libérés de toute obligation morale, nous avons, nous, le droit de nous défendre contre leur sauvagerie et de leur imposer, dans nos règlements de compte avec eux, un châtiment nouveau et exemplaire.

Quel que soit notre idéal, la réalité le domine.

La guerre actuelle n'est pas autre chose que la ruée d'un peuple sur un autre, une succession de mêlées locales, d'entreprises violentes, où le fer, le feu, le nuage empoisonné, les explosifs, atteignent indistinctement toutes choses et tout le monde.

L'Etat commence la guerre, l'Etat la termine ; mais qui la fait et qui la subit, sinon les hommes, individuellement ou par groupes, régiments en campagne, habitants des villes, paysans sans défense mitraillés sur leur charrue.

Si le droit international ne veut connaître que des collectivités, il en est, dans l'Etat et au-dessous de lui, un certain nombre, par exemple les grandes villes comme Lille, Reims, Arras, sur qui l'ennemi s'est spécialement acharné, poursuivant, sans nécessité de guerre, leur destruction systématique.

D'autres collectivités, d'ordre défini, ont attiré l'effort de l'ennemi, nettement dirigé. La métallurgie allemande a détruit l'ensemble de nos usines métallurgiques. Les charbonnages du bassin de la Sarre ont inondé les puits de Lens, d'Anzin, de Courrières.

Les filatures de Saxe et de Silésie ont pillé ou incendié les filatures de Roubaix.

Au Cateau, nous a-t-on dit, un constructeur allemand a envoyé, pour déménager les métiers d'un tissage, le même contremaître qui les avait installés peu de temps avant la guerre. Il était cette fois habillé en uhlan.

Les allemands ont forcé des prisonniers, des civils restés dans leur pays, à dévaliser et empaqueter tout le contenu des usines, à le charger sur des camions à destination de l'Allemagne.

A Cambrai, 1,900 balles de graines de lin et 400,000 kilos de tourteaux avec toutes les machines accessoires, ont été ainsi expédiés. Ailleurs, il en est de même.

(Voir à ce sujet la note du Gouvernement Français aux puissances neutres du 25 juillet 1916) (1).

**

Non seulement les Allemands avouent, mais ils se félicitent de leur vol et n'hésitent pas à en expliquer très nettement le but.

On lit ceci dans le rapport présenté en décembre 1914 par M. Otto Brandt, à la Chambre de Commerce de Dusseldorf :

« En pays ennemi, nous nous sommes emparés de matiè-
« res premières de grande valeur et en quantités considé-
« rables. Une partie du butin a consisté en laines peignées
« brutes et en déchets, dont la vente a été confiée à l'Union
« du Commerce des laines de Leipzig. La distribution des
« laines brutes *recueillies* en France et en Belgique a été
« effectuée par une société créée pour la mise en valeur des
« marchandises recueillies en pays ennemi. »

Les actionnaires de cette société ont touché un dividende de 21 0/0.

L'opération fut conduite avec autant de rapidité que de méthode ; le 31 janvier 1915, M. Schrodter, dans son rapport à la Société, écrivait : « Les usines que la guerre avait
« ménagées jusqu'ici seront, après ces réquisitions. *désor-*
« *ganisées pour de longues années.* »

Voici enfin l'aveu du docteur Streigmann, membre du Reichstag : « Le pillage, comme disent les Français, effec-
« tué dans les industries textiles et mécaniques, a imposé
« dès maintenant à la France une perte de plusieurs mil-
« liards. *Il faut féliciter l'industrie allemande*, ainsi débar-
« rassée d'un adversaire redoutable. »

Ce docteur allemand aurait pu tout aussi bien féliciter toutes les autres industries, puisque le pillage a porté sur

---

(1) Journal officiel du 20 octobre 1916.

toutes les matières utilisables, brutes ou fabriquées, qui ont été enlevées et transportées sur tous les chantiers de l'Allemagne.

Cartouche, qui détroussait les diligences, baisait la main des voyageuses et y laissait une bague. Les gens du Kaiser laissèrent de même des bons de réquisition à leurs victimes.

Ces bons serviront de solide document pour établir un commencement d'inventaire des reprises en nature, par spécialités, mais ces bons paraissent n'avoir été laissés que pour « *les marchandises en gros* «consignées» (!) par l'adminis-« tration de l'armée allemande et transportées en Allema-« gne ».

Tel est le texte d'un avis placardé à Roubaix, en novembre 1915, pour offrir un dédommagement aux gros industriels seulement.

Pas un n'accepta, et « la Commission Impériale de Dédommagement», instituée à Berlin, vit revenir sa délégation portant la nouvelle de ce refus, incompréhensible pour des Allemands.

Nous devons à nos malheureux concitoyens d'organiser sans retard la « Commission des reprises en nature» et de tenir prêts nos rabatteurs pour la chasse aux bandits. Nous pouvons dès maintenant constituer leurs équipes.

Pourquoi n'est-ce pas déjà fait ? Pourquoi n'a-t-on pas vu que la discussion sur la loi de réparation des dommages de guerre en eût été grandement facilitée ?

Que l'effort de mise en forme juridique d'une pareille loi doive être considérable, personne n'en doute et le Parlement ne préparera jamais avec trop de soin cette grande œuvre de justice.

Mais il est visible que la préoccupation dominante de nos législateurs est de savoir où nous trouverons des ressources. Elle est si grande, cette préoccupation, qu'on en parle à peine.

On discute la créance des sinistrés. Aux uns, dont l'Allemand a volé les titres, on donnera une indemnité égale à la valeur de ces titres avant la guerre. Aux autres, les industriels dont le stock a été emporté, on appliquera un autre principe. On paiera une partie de leurs marchandises d'après des cours à déterminer.

Les premiers seront complétement remboursés. Les seconds, peut-être plus intéressants puisqu'ils seront les artisans de notre réveil économique, ne le seront que dans une proportion moindre...

A qui relève l'étrangeté du système on répond, à la Chambre, que, pour donner à tous une juste indemnité, il faudrait *cent milliards*.

N'insistons pas sur cette jonglerie de chiffres qui a voltigé sous le plafond, pourtant lumineux, du Palais-Bourbon.

Nous n'en voulons retenir que ceci : ce sont des Allemands qui ont détruit et volé. C'est chez eux, d'abord, que les reprises doivent être exécutées et non sur le budget de la France. On peut donc les calculer largement.

Que le Gouvernement ait actuellement des raisons de ne pas être de cet avis, on peut se l'expliquer, bien que l'ours que nous chassons soit déjà bien malade et qu'il ne soit pas téméraire de songer à sa peau, qui est fort belle.

Il est du moins inutile et dommageable d'attendre qu'il ait expectoré son dernier grognement pour étudier le parti à tirer de sa dépouille.

*
* *

L'Allemagne, enfin, détenait avant la guerre le monopole à peu près absolu de la fabrication des colorants.

Comme les matières premières qui servent aux colorants sont exactement les mêmes dont on tire les explosifs, les Alliés se sont trouvés dans la nécessité de créer chez eux cette industrie, d'installer des usines et des laboratoires au prix d'efforts considérables.

En raison de la durée de la guerre, ce monopole a mis aux mains des Allemands une force équivalente à l'action de plusieurs armées.

Cette force, ils viennent encore de l'augmenter en syndiquant toutes leurs fabriques de matières colorantes en un trust dont les apports représentent un capital de 1,320 millions de francs.

Toutes ses autres industries, l'Allemagne les groupe de même en associations formidables, en véritables armées déjà en ligne, et que la fin de la guerre ne désarmera pas, si nous ne voulons pas, nous, les prendre *une à une* et les frapper dans leur vitalité.

En face de ces réalités infiniment redoutables, va-t-on encore nous demander de ne considérer que la personnalité fictive de l'Empire allemand, la pâle silhouette du Kaiser et gouvernement ?

Quand notre droit public s'attarde à compter comme matériel de guerre exclusivement ce qui sert à l'armée et à la marine, armes, munitions, tout ce qui relève de l'équipement du soldat, l'Allemagne nous prend tout, méthodiquement, des morceaux de cuivre, le zinc des toitures, des métiers à tisser, des chaînes de fer, des ballots de laine.

Le vieux Dieu du Kaiser c'est Mercure, patron des voleurs, dépouillant nos villes et nos bourgades, vendant à l'encan dans toute l'Allemagne nos instruments de travail les plus précieux.

La personnalité de l'État n'a rien à voir dans cette pillerie, si ce n'est d'en porter la responsabilité morale dont le gouvernement de l'Allemagne se ferait gloire volontiers.

Quant à la réparation matérielle, ce n'est pas innover que reconnaitre aux volés le droit d'aller reprendre leur bien chez les voleurs eux-mêmes, au nom du simple droit civil qui protège, en France, le droit de propriété, quelle que soit la nationalité du voleur.

V

VIEUX ARGUMENTS

Voyons maintenant la législation. En 1647, le grand Condé mit le siège devant la ville de Lérida. Louis XIV avait neuf ans. Vingt-quatre violons marchaient en tête de la première compagnie qui fit l'assaut.

Les docteurs *in utroque jure* professaient, à cette époque, que le Roy personnifie la France, que les biens des sujets appartiennent au monarque, la disposition ne leur en étant laissée que par faveur spéciale. Quand ces biens se perdent, par faits de guerre ou pour autre cause, le dommage ne peut être que pour le Roy, qui est l'Etat, et qui ne peut se donner à lui-même une indemnité.

Or, voilà qu'en 1916, au milieu de l'énorme tumulte, la grêle fanfare des violons de Lérida a brandi de nouveau ses archets. Un instant on l'a menée à l'assaut contre les départements envahis qui réclament à l'Etat la réparation de leurs dommages.

*
* *

Pour montrer la nécessité d'une loi qui posera le principe de responsabilités nouvelles, on a cité les maîtres éminents, morts ou vivants, dignes d'ailleurs de tous les respects, qu démontrent à l'unisson la prétendue irresponsabilité de l'Etat.

Il était excessif et peu charitable de les mettre en cause, et de leur donner l'occasion de montrer que nos légistes n'avaient pas encore su dégager la notion de l'Etat-démocratie, président de l'association des citoyens et son gérant d'affaires, tel qu'il est né des temps modernes, sur les ruines de l'Etat-Roi, ou du Roi-Etat, maître absolu de la France et, par essence, irresponsable.

Si, sur cette question de la responsabilité de l'Etat, la théorie doit être la même en 1915 qu'en 1647, comment arrivera-t-on a appliquer à l'Empire d'Allemagne la théorie contraire de la pleine responsabilité des actes dommageables nés de la guerre ? Aura-t-il donc agi chez nous en souverain et avons nous été à aucun moment ses sujets ?

Et de quels arguments appuie-t-on cette théorie !

Le droit des citoyens contre l'Etat n'existe pas, dit-on, pour cette raison qu'en cas de conflit, aucune juridiction ne serait compétente pour juger le différend.

Nier l'existence d'un droit, parce qu'on n'a pas créé de tribunal pour le faire respecter, c'est de la pure casuistique.

On dit encore que ce droit ne saurait être invoqué, parce qu'on ne connait pas d'obligations en dehors de celles qui naissent d'un contrat ou d'un quasi-contrat, d'un délit ou d'un quasi-délit ?

Sans accepter la thèse du « contrat social », peut-on nier que des obligations naissent des relations nécessaires entre l'Etat moderne et les citoyens ?

*
* *

Dans une autre opinion de même sens, on soutient que la guerre serait un cas de force majeure qui s'oppose à la naissance d'aucune obligation.

Nous est-il permis d'observer qu'il n'est pas de cas de force majeure qui ne relève du calcul des probabilités et qui ne puisse faire l'objet d'une convention écrite, ou tacite, et d'une combinaison d'assurance.

Cette opinion vient de recevoir une nouvelle confirmation.

Par une loi du 10 avril 1915, l'Etat français assure les navires français et leur cargaison contre le risque de guerre, moyennant une prime.

Le décret du 7 novembre 1916 étend cette assurance aux navires alliés ou neutres qui effectuent un transport de marchandises destinées au ravitaillement national.

En admettant qu'un Etat ne puisse pas empêcher la guerre, il manquerait à tous ses devoirs s'il ne la prévoyait pas, et, en fait, tous les Etats prennent des mesures en vue de cette éventualité. Est-ce donc un cas de force majeure qu'une guerre en vue de laquelle l'Allemagne avait triplé ses armements, une guerre annoncée plusieurs années à l'avance par ses généraux, ses professeurs, ses économistes, dans d'innombrables publications où sont entrevues l'anéantissement de la France et sa destruction ?

L'assurance des personnes contre le risque de guerre est de pratique courante, et l'on concevrait tout aussi aisément qu'une maison fût assurée contre l'incendie, même quand le sinistre résulte d'un fait de guerre.

Il n'est donc pas de cas de force majeure au sujet duquel une convention ne puisse se concevoir, contrat ou quasi-contrat.

On conteste que la part de l'impôt consacré par l'Etat aux dépenses de la guerre et de la marine ait rien de commun avec une prime d'assurance contre la guerre, dont on confond ainsi la cause originelle et les effets, nous le voulons bien.

Mais qu'à l'appui de cette opinion on ne produise que de bons arguments.

Une commune, a-t-on dit, organise un service pour combattre l'incendie, mais si une maison brûle, elle ne donne pas d'indemnité au propriétaire. Rien de plus exact, et il est fort heureux que le propriétaire ait pu profiter des moyens actuels de se préserver contre ce cas, qui peut être de force majeure. S'il est assuré, tant mieux pour lui.

Mais, s'il ne l'est pas, il peut regretter que, dans l'intérêt public auquel le sien est mêlé, l'assurance ne lui ait pas été expressément imposée. Si le risque était étendu à tous les immeubles, la prime d'assurance serait insignifiante et suffirait aux communes à réparer le dommage éventuel dont on semble se féliciter qu'elles soient dispensées aujourd'hui.

Un argument de fait ne vaut rien quand il est basé sur l'insuffisance des lois et sur l'imprévoyance d'une organisation.

Il vaut encore moins quand on s'en sert pour étayer la thèse que l'Etat n'est pas assureur des dommages de la guerre, étant donné que, s'il a l'obligation de préparer la défense du pays, les contributions qui lui en donnent les moyens ne sont pas ici facultatives, mais dùes obligatoirement par l'ensemble des habitants.

. Cette thèse trouve d'ailleurs sa confirmation dans l'article 28 du projet de loi. On y reconnaît que le risque de guerre a pu faire l'objet d'un contrat d'assurance.

Et, alors, on admet ce principe que, si l'assureur a indemnisé le sinistré, celui-ci ne doit plus rien attendre de l'Etat. Mais si l'assureur ne remplit pas son engagement, ou quand le dommage dépasse le montant de l'assurance, l'Etat intervient et prend à sa charge tout ou partie de la réparation du sinistre.

Qu'est-ce donc, cette forme nouvelle du droit, si ce n'est pas la reconnaissance d'une obligation antérieure, sanctionée rétroactivement ?

Tout ce qu'on pourrait reconnaître, avec un peu d'humi-
lité, c'est que notre droit public, en ce qui concerne les responsabilités, ne s'est pas encore suffisamment transformé,
mais ce n'est pas aux sinistrés de la guerre à porter le poids
de cette impréparation.

Ayons plutôt le courage d'avouer qu'à l'organisation
ancienne de l'Etat, où la confusion de tous les pouvoirs en
la personne du Roi excluait toute responsabilité, a succédé
une autre confusion, celle d'un régime où l'action appar-
tient, en fait, à divers organes, d'origines diverses, usant
chacun de leurs attributions, légales ou conquises, plus ou
moins définies, plus ou moins réglées, et dont l'exercice
concomitant, parfois divergent, aboutit finalement à un
état de fait qui n'est certes pas le dernier mot d'une organisation démocratique.

Montesquieu ne penserait sans doute pas aujourd'hui de
l'état d'organisation de notre République ce qu'il a écrit au
sujet de Rome « qui fut sauvée par la force de ses institu-
« tions ».

C'est d'hier seulement que date la création de notre ministère du Travail et de la Prévoyance sociale, où nous prépa-
rons les conditions de vie de la France de demain, un peu
tard, après tant d'autres pays qui nous ont de beaucoup
devancés.

Laissons donc tomber les théories désuètes. Pour savan-
tes et ingénieuses qu'elles soient, elles relèvent des temps
abolis, et les événements d'aujourd'hui leur donnent le dernier coup. Qu'on les mette pieusement en bonne place dans
quelque musée national, comme on expose, sur la terrasse
du jardin des Invalides, les magnifiques canons de nos vic-
toires des siècles passés.

Ceux d'aujourd'hui ont une autre voix, autrement reten-
tissante, et c'est la seule qui doive dicter nos nouveaux
devoirs, qui, eux aussi, sont de très longue portée.

Installons-nous donc dans le droit nouveau, établi largement sur le devoir de solidarité qui oblige tous les citoyens.

Il importe fort peu, maintenant, de savoir si l'Etat est ou non responsable, sa personnalité abstraite incapable par elle-même de toute action comme de tout sentiment, ne pouvant être séparée une seconde de la personnalité réelle des quarante millions de Français, en qui repose la toute puissance de la nation, et à qui incombe le devoir de réparation, né de la solidarité.

Il importe tout aussi peu de discuter de l'organisation politique de l'Allemagne, sur la personnalité de ses Etats et la responsabilité de ses souverains. C'est autour d'eux, au-dessus d'eux, dans les forces vives de la nation que nous irons exercer notre droit de reprise.

*
* *

Où sont d'ailleurs les vraies souverainetés ?

On sait que l'Empire d'Allemagne, n'ayant pas soumis son avènement à la légitimation des puissances, n'a point d'existence au point de vue international et diplomatique (1).

Nous ne chercherons pas à concilier ce non être avec le fait que les puissances ont valablement accrédité chez elles les représentants diplomatiques de l'Empire fondé en 1871.

Mais si le château de cartes édifié par Bismarck doit crouler, voyons-en les matériaux : quelques grands Etats, plus de 300 principautés, ou duchés plus ou moins dépouillés de leurs droits souverains par la Prusse, plus ou moins digérés par l'ogre de Berlin. Autant de familles qui se disent « régnantes » et qui jouissent, en fait, de prérogatives attribuées à ce qu'on nomme la souveraineté.

Nous sommes trop respectueux de l'idée pour ne point

---

(1) Gabriel Hanotaux. *Revue des Deux-Mondes* du 1ᵉʳ novembre 1916.

admettre qu'elle domine la matière, quand l'une et l'autre se combattent.

Or, ici, l'antagonisme n'apparaît pas. Toutes les forces, morales ou matérielles de l'Allemagne contribuent à la guerre sous l'hégémonie de la Prusse. Tous les princes et principicules et leurs pseudo-sujets sont enrôlés dans l'armée, officiers ou soldats, et travaillent au même œuvre : la prospérité matérielle de l'unique patrie.

La force entière dont dispose l'Allemagne : officiers, nobles bourgeois, marchands, terriens, fait masse contre l'ennemi, par la volonté comme par les moyens. Elle sera battue, cette coalition particulariste, et, au jour des reprises, il faudra en dégager les éléments.

Où donc, ce jour-là, seront les souverainetés, celles qui auront le plus aidé à la guerre, celles qui seront le mieux en mesure de fournir aux réparations ?

Si l'on veut mettre sur la balance, d'un côté les altesses, leurs couronnes et la ferblanterie de leurs décorations, et d'autre part les puissances effectives d'où aura dépendu le sort de la guerre : l'usine des Krupp, l'or des banques, les innombrables trusts et *geselchaft* (sociétés) *dont l'effort industriel seul* nous aura si longtemps tenus en échec, c'est ici et non là, qu'on trouvera les seules vraies puissances qui comptent aujourd'hui en Allemagne, les seules avec qui nous ayons à régler des comptes particuliers.

Que nous importent l'ensemble et le détail des Etats politiques mobilisés pour la guerre, et qui ne sont que poussière à côté des véritables agents de la guerre ! On ne mettra pas en parallèle la souveraineté de la Hesse ou du Schaumbourg-Lippe et la souveraineté d'Essen ou du trust de la chimie allemande. Les unes écraseraient les autres, de tout le poids de leur force et de leur action.

Si l'Allemagne tient à ses principautés, qu'elle en crée encore deux mille, nous n'en serons pas incommodés. Le ressort de sa vitalité n'est pas là, mais dans ces entités nouvelles, les associations et les groupements pleins de vie, qui, depuis quarante ans, ont décuplé ses moyens de nuire. C'est là que nous devons la poursuivre avec une extrême application, dans chacun des rouages de son organisme.

*
* *

Est-ce que cette théorie des responsabilités effectives ne procède pas de la loi même de reconstitution qui va être votée ?

Si l'on proclame que la nation, c'est-à-dire nos départements, nos communes, nos Chambres de commerce, nos syndicats, nos compagnies industrielles sont « solidatres « devant les charges de la guerre », ne reconnaît-on pas ainsi que, consenti ou imposé, le devoir de solidarité relève de la conscience universelle, du droit humain qu'acceptent toutes les nations civilisées et qui inspire de plus en plus leurs ententes.

Donc, si, nous, Français, nous sommes tous individuellement solidaires, les tenants du camp ennemi ne le sont pas moins et notre droit contre eux est tout aussi manifeste que leur devoir de réparation.

Une loi nouvelle ne peut que donner une sanction à cette responsabilité intuitive. Elle ne la créera pas.

*
* *

On peut meme indiquer que, devant l'énormité de faits qui s'imposent, le principe de la réparation par les responsables n'avait pas besoin d'être inscrit dans une loi nouvelle.

Trop d'Allemands ont habité la France pour ignorer que, pendant leur séjour, ils y sont justiciables de nos lois.

Or, voici les principes de notre code civil, applicables aux étrangers comme aux Français.

Le Code (article 4) impose aux magistrats le devoir de juger, même quand la loi est muettte, obscure ou insuffisante.

La faute du législateur ne doit, en aucun cas, porter préjudice au justiciable en couvrant un déni de justice.

C'est ainsi que, dans le silence d'une loi, prennent naissance d'innombrables arrêts de jurisprudence, dont aucun n'a force de loi (article 3), mais dont l'ensemble n'en créé pas moins un état légal que tous les tribunaux finissent, dans leur pratique, par respecter à l'égal d'une loi.

Les décisions de la jurisprudence s'appliquent à autant sinon à plus d'hypothéses que les lois n'en ont prévu dans leur texte. Ne sommes nous donc pas ici devant une longue série d'actes identiques, nés d'une méthode évidente et résolument poursuivie ?

Sous quelque rubrique qu'on les dénomme, le fait même de leur existence oblige à les reconnaître juridiquement comme générateurs d'obligations.

A supposer que le pillage, le vol, l'incendie ne soient pas déjà punis par nos codes et qu'on veuille exclure des catégories connues les crimes des Allemands, en raison de ce qu'ils sont engendrés par la guerre, il n'en est pas moins soutenable que le nombre même de ces crimes oblige à les classer et à les punir de sanctions efficaces et nouvelles.

Où donc est la loi qui nous autorise à user contre l'ennemi des gaz asphyxiants ?

Mais où donc est le juriste qui prétendra qu'en envoyant aux Allemands des gaz pareils aux leurs, et même plus meurtriers, nous outrageons les principes du droit public ou privé ?

*
* *

En résumé, notre droit est celui de la légitime défense, qui n'est inscrit nulle part et qui s'exerce par tous les moyens, pourvu qu'ils servent.

Comme l'état-civil des Etats, si l'on peut ainsi parler, n'existe, au point de vue international, que par l'effet de l'acquiescement des autres Etats, la souveraineté que nous avons autrefois reconnue aux Etats germaniques, dépend de la continuation de notre volonté ou de son retrait. C'est la question de demain.

Nous l'avons étudiée dans un autre travail, nous demandant si les pays des « chiffons de papier » n'avaient pas perdu le droit de mettre leur signature au bas d'un traité, et ce qu'il adviendrait dans le cas où les nations alliées clôtureraient la guerre par un acte de haute portée morale : le refus de négocier avec les Allemands, de traiter avec eux dans les formes connues, la volonté du vainqueur leur étant purement et simplement notifiée, dans toutes ses conditions, et appuyée des mesures d'exécution nécessaires.

Quel que soit le sort de cette proposition, où la diplomatie trouverait un emploi nouveau de ses ressources, on peut admettre que les Allemands ont mérité de la voir naître.

On acceptera aussi qu'ayant rompu eux-mêmes avec toutes les pratiques respectées, ils nous donnent le droit d'organiser, comme nous l'entendrons, nos représailles, et, par conséquent, d'exercer nos reprises au mieux de nos intérêts, sans autre considération.

*
* *

Lors des conférences du traité de Wesphalie, qu'un vieux diplomate de nos amis, ancien ambassadeur à Berlin, réétudiait quelques jours avant sa mort, en septembre 1914, la France eut deux représentants, Longueville et Servien. Le premier donna des fêtes magnifiques dont l'éclat devait rejaillir sur son pays.

Servien remplit sa mission de façon différente : Il montra *de l'énergie, du talent, de la ténacité*, et c'est lui qui décida du succès des négociations.

C'est son œuvre qu'il s'agit de reprendre, sur le même terrain et dans d'auttes vues, car nous ne songerons pas de longtemps à donner à danser aux dames de Berlin, quelle que soit la puissance de leurs charmes.

Nous allons donc faire revivre la méthode de Servien.

Mais sous quel nom, s'il vous plait, car les méthodes, elles aussi, ne sont souveraines que dans les mains capables d'une forte étreinte ?

*
* *

La preuve

Comment trouver en Allemagne les auteurs directement responsables du dommage ? Comment établir contre eux la preuve ?

La loi nouvelle se charge de répondre en excluant de son application tous les moyens de la procédure habituelle, de même que l'avait ordonné déjà la loi du 28 juillet 1874, qui refusait le droit de réclamer « à ceux qui ne renonceraient « pas à toute action devant les tribunaux judiciaires ou « administratifs. »

La seule preuve à fournir concerne le chiffre du dommage ; des commissions sont constituées pour le reconnaître, en dehors de toutes les formes du contentieux ordinaire.

Ce chiffre établi, peu importe que Fritz ou Friedrich soit le coupable, d'abord parce qu'ils le sont tous les deux solidairement, parce qu'ensuite nous n'aurons pas plus de peine à trouver leurs répondants que les Allemands n'en ont eu à diriger leurs déprédations sur les points précis où ils avaient intérêt à piller nos usines et à les désorganiser, industrie par industrie.

Is fecit cui prodest. Nos laines ne sont pas plus allées dans les fonderies allemandes que le cuivre de nos chaudières n'a ravitaillé les tissages. Les courroies de nos machines ne figurent pas davantage sur les étagères des salons de Berlin.

La preuve du vol étant manifeste, la preuve de recel n'est qu'une affaire de recherche et de constat.

Pour les matières qui auront disparu, par l'effet d'une transformation, ou qui auront été consommées, on s'en tiendra aux équivalents, en nature et en qualité. Quant aux quantités, la mesure la plus large ne sera que la mesure à peine juste.

VI

APPLICATIONS DU DROIT DE REPRISE

Le programme de la reconstitution, tel que nous l'entendons, est à trois compartiments, subdivisés eux-mêmes en autant de parties qu'il sera nécessaire.

On aura donc à dresser des états distincts pour ce qui concerne :

1º Les matières premières ;

2º Les produits fabriqués ;

3º Les contributions en argent ou en crédit.

A. — Disons tout de suite que nous n'aurions garde, pour les deux premières catégories, de dresser des nomenclatures. C'est l'affaire des spécialistes, des industriels et des constructeurs compétents.

Le charbon est une matière première, mais le coke, tiré du charbon, est également matière première pour la métallurgie. De même les produits, extraits du charbon, pour la chimie, les parfums, les colorants.

La fonte, le fer, les aciers sortent tous des différents minerais et sont tous des matières premières, bien qu'ayant subi une fabrication qui les a déjà transformés.

Seuls des techniciens, et c'est à eux seuls qu'il doit être fait appel, sont à même, chacun pour l'industrie qu'il connaît, de dire où commence et finit ce qu'il faut cataloguer comme matière première.

S'il s'agit du coton, le filateur, le tisseur, l'apprêteur, le teinturier ont besoin d'une matière première différente, qui est toujours du coton, mais à différents états de transformation.

B. — En ce qui concerne les produits fabriqués, les uns sont arrivés à l'état définitif et complet où on peut les employer : un métier de brodeur, pour exemple. D'autres ne constituent encore que les organes d'un tout et ne valent qu'en y étant incorporés : les roues d'un wagon, les ressorts. Les vitres ne vont pas sans un chassis, ni le papier de tenture sans une maison construite.

On voit d'ici la liste interminable de ces divers articles, liste qu'il faudrait avoir dressée complète, avant d'y annexer les quantités dont il conviendra d'être approvisionné.

On sera d'avis que la préparation de cet énorme travail n'est pas de la compétence des commissions du Parlement et doit être entreprise par des hommes d'action.

On l'a commencée, très sommairement, très incomplètement, pour les communes évacuées. Il s'agit d'y procéder pour tous les departements envahis ; nous verrons comment tout à l'heure.

Les transports

Que l'on n'attende pas de l'avoir terminé pour comprendre que des millions de tonnes seront à transporter des points de réquisition sur les lieux même ou il en sera fait emploi.

Il nous faut éviter cette annexe possible à la crise actuelle des transports, due à une organisation que Choiseul critiquait déjà en 1760.

Nous aurons besoin des chemins de f . et aussi des canaux pour les matières encombrantes.

Or, en ce qui concerne les canaux, on possède au ministère des Travaux Publics deux services qui sont d'ailleurs admirablement dirigés. Seulement, l'un s'occupe exclusivement de la construction des canaux et de leur entretien, mais il n'est pas dans ses attributions de les utiliser.

L'autre service, l'Office de la navigation fluviale, qui s'occupe de l'exploitation, n'a peut-être pas un pouvoir d'action suffisant.

Mais ni l'un ni l'aure ne disposent d'une flotte, péniches et remorqueurs, ni d'un personnel habitué à naviguer sur les canaux de France, de Belgique, voire même d'Allemagne.

C'est donc aux compagnies de transport, qui sont outillées pour l'exploitation commerciale, qu'il appartiéndra de s'entendre et d'assurer l'entreprise des convois ramenant en France nos reprises, aux frais des Chambres de commerce allemande ou des industries réquisitionnées.

Nous demanderions de même que le syndicat de nos grandes compagnies de chemin de fer, qui n'ignore pas les ressources des réseaux allemands, ni les moyens de s'y orienter, fût chargé, d'abord, de la reprise de leur matériel (54,000 wagons), du matériel complémentaire nécessaire, et, ensuite, d'utiliser le tout pour amener d'Allemagne tout ce que nous devrons y prendre en nature.

Le charbon allemand, qui abonde, chauffera les locomotives, comme il servira à transporter toute la houille nécessaire aux besoins des clients de nos charbonnages du Nord, détruits par l'ennemi, tant que l'exploitation n'y sera pas reprise en plein, c'est-à-dire pendant quelques années.

Evidemment, ces trains de charbon ne viendront pas se déverser sur le carreau à Lens ni à Courrières, mais iront directement aux points de consommation où les attend la clientèle.

On voit avec quelle rapidité nous effleurons toutes ces questions. Les traiter en dix volumes ne servirait à rien pour les résoudre, tant que les hommes de métier ne se seront pas concertés, n'auront pas agi, et chargé le premier train de Dresde à Arras.

Pour citer un mot plaisant, plus que jamais nous n'aurons eu besoin, pour ce labeur,

> ... aux transports, d'un cerveau.

*
**

Allons nous donc, en exerçant de cette façon le droit de reprise, donner à la production allemande un surcroît d'activité ?

Et pourquoi pas ? Ne faut-il pas que l'Allemagne travaille beaucoup pour nous payer. Et puis, quel avantage trouvera son industrie à nous fournir des marchandises réquisitionnées, en échange desquelles nous ne donnerons rien ! Les comptes que nous ouvrirons à ce titre, c'est l'Allemagne qui les soldera, si elle peut le faire.

Disons-nous donc bien que tout ce qui se fabrique en France, ou à peu près, peut être trouvé en Allemagne (1).

Quant aux stocks Français qui, à la paix, seraient prêts pour notre exportation, notre situation monétaire, tout autant que la nécessité impérieuse de reprendre position à l'étranger, exigent leur sortie de France. En faire état nous semble être une erreur, et probablement un leurre, puisque, depuis la guerre, il n'est pas un seul de nos articles dont le prix d'achat n'ait augmenté dans les proportions que l'o n sait. En serait-il de même s'il y avait quelque part des fabrications disponibles ?

*
**

Ce n'est donc pas seulement à Berlin, mais dans tout l'Empire, que nous irons les saisir, ces industries, ces corporations qui sont les concurrentes directes de nos cités en ruines, de nos manufactures, de nos centres de production dévastés.

La prospérité de ces centres allemands est restée intacte. Ils se sont même enrichis par l'apport de nos métaux, de nos laines, de notre plus précieux outillage.

---

1) Voir : Jules HURET. *Rhin et Wesphalie* ; Victor CAMBON. *L'Allemagne au travail* ; Georges BLONDEL. *L'Essor industriel et commercial du peuple allemand*, etc., etc.

Ceci paiera cela.

Si les Allemands détruisent le port d'Anvers, c'est Hambourg qui devra le reconstituer.

Prendre le matériel d'un port de commerce à titre de représailles est tout aussi légal que de prendre, au nom de la France, les vaisseaux de l'ennemi pour remplacer ceux qu'il aura coulés pendant la guerre.

Si c'est le droit reconnu de la collectivité-Etat, le droit des collectivités de moindre importance est tout aussi évident, et nous devons l'exercer, contre les vrais coupables, contre ceux à qui est allé directement le profit des destructions organisées.

Ce n'est pas pour l'Etat allemand qu'ils ont travaillé, mais pour eux-mêmes, individuellement ou par corporations, pour tuer des concurrences, les armes à la main.

Nous avons donc deux comptes distincts à régler, un avec l'Allemagne, Empire ou Confédération, un autre avec les voleurs et les pillards.

Nous allons dire maintenant comment on les trouvera.

*
* *

Aux milliers d'industries de la région du Nord, déménagées et incendiées pendant l'invasion, nous demandons que, d'autorité, l'on procure des marraines en Allemagne dans les centres appropriés, Dresde, Leipzig, Chemnitz, répondant pour Lille, Roubaix, Tourcoing.

C'est là que, par voie de réquisition rigoureuse, Lille trouvera, en nature d'abord, puis en argent, de quoi reconstruire ses maisons, réinstaller ses manufactures et assurer la reprise de ses affaires.

Matériaux, machines, métiers, matières premières, tout doit nous être rendu à pied d'œuvre, véhiculé par les 54,000 wagons et par les péniches que les Allemands nous ont pris.

Des centaines de locomotives neuves sont toutes prêtes, aux ateliers de Hensckel, à Cassel.....

Nous allons donc diviser par kilomètres carrés tous nos cantons envahis, et nous reporterons ce quadrillage au cœur même de l'Allemagne, en triplant à l'échelle la surface occupée si c'est nécessaire, et en l'adaptant exactement aux points d'équivalence, en situation de fournir aux reprises.

C'est le seul moyen d'assurer à nos malheureux pays envahis la réparation intégrale des dommages tout au moins matériels de la guerre, puisqu'il nous est impossible de leur faire oublier les angoisses, les misères et les cruautés dont ils ont abominablement souffert.

Cette solution, dût elle être partielle, exonérera d'autant les départements français qui n'auront pas souffert de l'invasion, et diminuera leur dette de solidarité.

Qu'ils viennent au secours des régions malheureuses, c'est légitime ; qu'ils le fassent spontanément, ce sera très beau. Mais que, d'abord, les unités allemandes soient forcées de se dépouiller.

Quant aux procédés d'exécution, nous avons publié ailleurs (1) que, pour assurer le recouvrement de l'indemnité de guerre, allait s'imposer la constitution d'une Commission Internationale de la Dette des Empires centraux siégeant à Berlin, comme la Commission de la Dette ottomane fonctionnait à Constantinople au nom des créanciers de la Turquie.

Une section *spéciale* de la Commission aura pour mission de surveiller le prélèvement des reprises en nature consacrées, par destination, à chacune de nos villes, de nos communes rurales.

Nous parlerons plus loin des reprises en argent.

***

On objectera qu'il serait plus simple de faire l'inventaire général des pertes et d'en prélever le total sur les milliards de l'indemnité de guerre que paiera l'Allemagne.

Il n'en est rien pour deux raisons. La première est qu'une réparation immédiate est nécessaire, tandis que les milliards ne viendront que par échéances successives, espacées pen-

---

(1) *Revue Politique et Parlementaire* de février 1915.

dant de longues années. Ils entreront dans le budget général et il sera malaisé de les en faire sortir.

De ces milliards, chacune des nations alliées obtiendra sa part. Or, ni l'Angleterre, ni le Japon, pas plus que l'Italie et le Portugal, n'auront souffert de l'invasion.

Notre cas, celui de la Russie, celui de la Belgique, de la Serbie doivent donc être mis à part.

Une seconde raison commande impérieusement la reprise en nature.

A supposer que nous puissions tout de suite mettre des milliards dans la main des sinistrés, et nous ne le pourrons guère, qu'en feront-ils, puisque tous les approvisionnements vont manquer ?

Que fera la ville d'Arras, puisque avant de laisser un particulier reconstruire sa maison, elle n'aura ni matériaux, ni métaux, ni machines pour rétablir ses canalisations, égoûts, distribution de l'eau et de la lumière, tous les organes indispensables à la vie d'une cité ?

Que fera le fermier s'il ne peut couvrir son hangar, clouer une porte à son étable, se procurer des outils de culture ?

Il est évident que, chez nous, personne n'y retrouvera le sien, son marteau, sa chaudière. Qu'importe ; une bonne charrue en vaut une autre, pourvu que le vieux ne remplace pas le neuf.

On choisira dans le meilleur et en abondance suffisan c'est une question d'organisation pour chaque spécialité.

Non seulement la réparation doit être intégrale (et de cette *restitutio in integrum* on n'a pu encore trouver la formule), mais elle doit être immédiate.

On voit aisément qu'elle ne saurait être ni l'un ni l'autre, si, pendant que l'industrie allemande rouvrira en plein ses usines, détournera les clientèles, la nôtre passe, en pleine stérilité, plusieurs années avant de reprendre la vie normale.

On nous dit que des métiers sont déjà commandés en Amérique, et qu'après quelques mois, certaines de nos manufactures recommenceront à travailler. Celles-là sont les privilégiées, ce sont les plus riches et l'exception n'est que trop rare.

Mais, pour celles-là même, il importe de récupérer sans retard les matières premières qu'elles auront à ouvrer et que les Allemands ont prises.

Nous doublerons nos moyens d'action en privant l'ennemi de ceux dont il use et qu'il doit au pillage.

Tant que nous ne travaillerons pas, nous devons l'empêcher de travailler, aussi bien au dehors que chez lui.

*
**

Il ne suffirait pas, par exemple, que nous allions déménager les manufactures, en Allemagne, ou même les démolir, si, d'autre part, nous ne prenions pas des mesures contre, ndustries allen…des installées dans certains   s neutres, sous des marques avouées ou mensongères.

Nous avons écrit, ailleurs, que les Alliés ne doivent pas échanger leur signature au bas d'un traité, contre celle de l'Allemagne déloyale et sans parole, mais qu'au contraire, des traités seront nécessaires avec certains pays non belligérants, sans aucun esprit d'hostilité contre ces pays, mais pour les protéger et nous protéger en même temps contre les emprises allemandes.

C'est ainsi, par exemple, que la   ollande, qui nous est profondément sympathique, devra traiter avec les alliés, parce qu'elle est hors d'état de s'opposer à ce que les Allemands occupent, *pacifiquement*, les bouches de l'Escaut et du Rhin, comme ils avaient pris Anvers depuis de longues années.

VII

MOYENS D'EXÉCUTION

A qui la confier, cette organisation ? Les compétences ne manquent pas. A Paris, en ce moment, des centaines d'industriels, de gros agriculteurs, d'ingénieurs, d'architectes, réfugiés du Nord et de l'Est, sont prêts à étudier cette préparation. Il n'y sont que trop intéressés, et l'on peut être sûr que l'urgence de la solution ne saurait leur échapper.

Les Commissaires français chargés de ces opérations, à supposer qu'ils ne connaissent pas déjà les centres de production allemands, n'auront qu'à chercher au *Journal officiel* l'adresse des fabricants dont les articles sont actuellement sous séquestre.

Ils y trouveront le *Bottin* de l'Allemagne presque au complet.

Les listes noires des courtiers mis actuellement à l'index donneront aussi d'utiles indications : leur concours ne manquera pas de s'offrir, car il est des gens pour qui toutes les affaires sont bonnes.

⁂

Pour parer à ses besoins immédiats après la guerre, l'Allemagne a passé d'innombrables marchés dans les pays où le commerce lui est encore permis.

Nous avons, dans ces pays, des agents ou des Chambres de commerce qui peuvent avoir connaissance de ces opérations, surveiller le départ des cargaisons, dénombrer les stocks à destination des ports où s'exercera notre droit de réquisition, et nous en informer.

Cette ressource dût elle nous échapper dans les cas où ces marchés ne seraient pas exécutés, nous en aurons du moins ôté le profit à nos ennemis.

.

Nous aurons ainsi paré d'urgence aux premières nécessités, mais cela ne suffit pas. Il faudra d'autre part récupérer des milliards.

Pour reconstruire nos villes et nos villages, du temps, des capitaux et du crédit sont nécessaires.

Nous pourrons donc donner aux villes allemandes intéressées des délais en prenant hypothèque sur leur crédit.

L'Allemagne est trop fière de son activité, de sa puissance de travail, pour objecter qu'en cinquante ans, s'il le faut, ses riches cités ne seront pas capables d'acquitter, quelle qu'elle soit, la dette que nous inscrirons sur leurs tablettes municipales pour la restauration de leurs bonnes sœurs françaises, nos villes du Nord et de l'Est.

Quelle que soit la détresse des Finances publiques, les Allemands continueront de produire et d'alimenter leurs budgets.

D'ailleurs, la pénurie d'un Etat n'entraîne pas nécessairement celle des provinces. On trouve, dans les pays les plus pauvres, des industries riches et de gros patrimoines.

En dehors des collectivités de caractère officiel, villes ou provinces, l'Allemagne est le pays des associations colossales, des syndicats énormes.

Toutes ces collectivités auront à supporter le fardeau des indemnités de représailles.

N'est-il pas juste que la Deutsche Bank soit déclarée débitrice des 800 millions volés à la Banque Nationale d'Anvers ; que la Hamburg-America donne ses paquebots en expiation du torpillage de la *Lusitania* et de tant d'autres navires.

Qu'importe aux grands propriétaires fonciers, à nos rudes ennemis les agrariens, au lieu d'envoyer leur contribution à Berlin, qui l'enverra à Paris, de la verser directement au groupement des agriculteurs français du Nord et de l'Est.

Plus ils en seront mortifiés, plus la réparation sera complète, car le côté moral du projet a aussi son importance.

Autre raison de sentiment, et, cette fois, dans l'intérêt de notre unité nationale : ne vaut-il pas mieux que la Saxe, la Silésie restaurent les Flandres et la Picardie que d'imposer de nombreux centimes extraordinaires, pendant cinquante ans, la Bretagne et le Dauphiné, au profit de la région du Nord ?

Rennes n'a pas bombardé Reims ; Grenoble n'a pas incendié Arras. *C'est aux auteurs directs du dommage à le réparer.*

* * *

Nous indemniserons les victimes, mais nous ne voulons pas les « enrichir », disent nos députés. Si cette crainte est motivée par l'incertitude des ressources où l'on devra puiser pour faire face aux réparations, elle doit disparaître ; nous en offrons les moyens.

Quelles que soient d'ailleurs les indemnités allouées, la somme des pertes sera toujours supérieure, étant donné que les dommages indirects sont écartés, jusqu'à présent, du moins, du droit à la réparation.

Maintenir cette restriction serait favoriser nos ennemis, seconder leur concurrence, à peine interrompue par la guerre, quand les nôtres auront tant de peine et mettront des années à retrouver leur prospérité ?

Pour une industrie, l'impôt n'ajoute d'ailleurs qu'une faible charge aux frais généraux d'exploitation et c'est définitivement le consommateur qui en porte le poids.

Les producteurs allemands, par le « dumping » sont plus que personne impitoyables contre le consommateur et n'hésitent pas à vendre plus cher aux acheteurs allemands pour compenser leurs bas prix d'exportation. Allons nous prendre les intérêts des consommateurs allemands et ajouter cette angoisse à notre crainte « d'enrichir » nos concitoyens avec l'argent de leurs pires adversaires ?

*
* *

Les Allemands ont volé à un industriel de la laine qu'il a payée 100,000 francs avant la guerre. Les cours ayant doublé, on va l'indemniser partiellement, en lui donnant la somme nécessaire, non pas pour acheter la même quantité de laine qui coûterait 200,000 francs, mais seulement pour acheter la quantité correspondant à son travail de trois mois.

S'il était approvisionné pour cinq mois, va-t-il perdre définitivement les deux cinquièmes du stock dont il a été dépossédé ?

Où est, en ce qui le concerne, la réparation intégrale du dommage ?

Où est son enrichissement ? (1)

Que va-t-il en effet se passer ?

L'industriel va transformer cette laine en un article destiné à la vente.

Le bénéfice de cette vente n'est évidemment acquis qu'au travail de transformation, l'emploi de la matière première et tous les frais généraux de la fabrication ne pouvant figurer qu'au passif de l'entreprise.

En payant la main-d'œuvre et le charbon de ses machines, en rendant la matière première impropre à tout autre usage, l'industriel n'en sera que moins riche.

Si le prix de vente couvre les charges, avec augmentation pour un légitime bénéfice, la situation est bonne.

Mais comme après la guerre le cours de la laine va baisser, comme l'article actuellement vendu 10 francs ne vaudra plus que 6 francs sur le marché, en quoi l'industriel sera-t-il enrichi ?

Voici maintenant un commissionnaire en laines qui vend aux fabricants.

(1) Séance du 24 octobre 1916.

Lui-même ne fabrique pas. Sur quelles bases va-t-on l'indemniser ? Comment va jouer, en ce qui le concerne, le délai maximum de trois mois jugé nécessaire pour la reprise de son travail ?

*
* *

La Commission de la Dette Internationale, qui siègera à Berlin, appuyée au besoin par la force armée des nations alliées, aura toute latitude : 1°, pour organiser d'abord, dès que nous serons en Allemagne, les reprises en nature ; 2°, le paiement immédiat de grosses contributions en argent; 3°, pour dresser ensuite les rôles spéciaux d'impôts qui seront maintenus, jusqu'à réparation complète, contre les villes désignées, les Chambres de commerce, ou autres collectivités responsables.

Ces rôles d'imposition, ils existent dès maintenant. Où sont-ils ?

En Allemagne, chez tous les agents qui sont chargés d'y percevoir l'impôt.

Comme les Etats allemands s'en servent pour eux-mêmes, ils ne les détruiront pas.

Nous n'aurons même pas la peine d'y inscrire des centimes spéciaux ni de poursuivre individuellement les contribuables récalcitrants.

Quand, par exemple, une ville aura tiré de l'impôt cent mille francs, nous en prélèverons quatre-vingt mille, en laissant à la Municipalité le soin de créer, comme elle l'entendra, des ressources complémentaires pour combler son déficit.

*
* *

Nous aussi, en France, nous avons des rôles de contributions, dont chaque article est établi sur l'appréciation de la valeur en capital de la propriété, ou sur le rendement annuel de l'acte imposable.

Il se peut qu'un certain nombre de ces rôles aient disparu dans la tourmente, mais la documentation en peut être aisément reconstituée au Ministère des Finances, globalement tout au moins, commune par commune, sinon pour chaque immeuble ou pour chaque patenté.

La preuve en est donnée par les statistiques publiées dans le rapport présenté à la Chambre au nom de la Commission chargée de l'étude de la loi de réparation, pages 3o et suivantes.

On y trouve jusqu'au nombre des maisons, 1,75o,642, et des usines, 25,763, ainsi que leur valeur locative et celle des impôts.

Article par article, ces évaluations peuvent être relevées.

Les actes notariés, les baux, la transcription aux hypothèques, les polices d'assurance, l'enregistrement, peuvent aussi documenter la recherche de la valeur en capital de tel ou tel immeuble avant la guerre ?

Ne doit-on pas, à l'aide de ces éléments, constituer, *dès maintenant*, autant que possible à chaque immeuble, son dossier ?

Les commissions d'évaluation n'auraient plus à fonctionner dans le vide, sans méthode bien établie. Les intéressés accepteraient ou discuteraient l'évaluation proposée. En cas de discussion on aurait à juger.

Ce serait un premier pas.

Quand l'heure viendra de constater sur place le dommage, l'évaluation reconnue de la valeur du fonds aiderait à fixer le chiffre de l'indemnité, un tiers, un dixième du capital antérieurement reconnu, ou la totalité.

S'il est accepté que cette indemnité devra tout de suite être inscrite par provision à l'état général des réparations dûes par une collectivité correspondante en Allemagne, on pourra d'autant plus largement fixer l'indemnité pour le manque de jouissance, la ruine du fonds, la plus value de reconstruction ou de remise en culture, etc. etc.

Que l'on procède ainsi, ou autrement, peu importe, *pourvu que l'on commence*, et qu'après avoir beaucoup parlé, on veuille bien agir et constituer le premier dossier.

Ce premier dossier constitué par commune, par maison, par usine, il sera trop souvent facile de savoir, dès maintenant, l'importance du dommage à réparer.

Pour les cas où il sera nécessaire d'attendre, on peut poser en principe que la ruine est complète et inscrire en chiffres la nature et la quantité des matériaux, des machines, des métiers nécessaires à la reconstruction et à l'outillage.

*
* *

Pour la reconstruction de nos monuments publics, un compte spécial sera établi.

Leipzig, la patrie du livre, travaillera longtemps pour reconstruire nos bibliothèques.

Dans toutes les Universités allemandes, les étudiants paieront un triple droit d'inscription, jusqu'à ce que nos universités, nos écoles, nos laboratoires, aient reconstitué leur domaine.

Contre le délire du pangermanisme, dont les doctrines étroites et haineuses ont empoisonné le monde, nous multiplierons, à ses dépens, les chaires de notre enseignement, pour la libération de l'humanité.

Il n'est pas de reprise plus légitime, ni de plus haute portée.

*
* *

L'heure sonnera où Nuremberg, Hildsheim, Bamberg, Munich, Ratisbonne et tant d'autres villes d'Allemagne, fières d'un passé qui fut de gloire, et de leurs précieux monuments, devront pleurer sur les ruines de nos cathédrales et de nos Hôtels de Ville.

Notre vandalisme respectera, quoi qu'il arrive, leurs vieilles églises, la splendeur de leurs palais municipaux où dorment ensevelies leurs antiques libertés.

Nous n'irons pas mitrailler leurs dômes imposants, ni décapiter leurs statues.

Mais nous ne saurions oublier que, venues de ces mêmes

villes, des hordes se sont ruées contre l'art français, appliquant à nos chefs-d'œuvre les pires supplices, avec un lent raffinement.

Pendant deux années, plus longtemps peut-être, à intervalles froidement calculés, un jour par mois ou par semaine, nos plus beaux monuments auront servi de cibles à la fureur stupide de leur artillerie.

Nos tours séculaires, nos beffrois, sont tombés, eux aussi, sur le champ de bataille, comme des citadelles vivantes où l'Allemagne hantée sentait frémir le génie de notre race.

Ces pierres inertes, ces ruines lamentables, nous les ferons revivre. L'or allemand viendra les cimenter, puisé dans leurs plus belles cités, les plus anciennes, prélevé aussi dans leurs villes nouvelles qui ont surgi depuis 1870.

Elles nous doivent cette amende honorable, cette expiation, les horribles bâtisses, en quoi nos pauvres milliards de l'autre guerre se sont mués, quand un surcroît de malheur les mit à la disposition des architectes de la Kultur.

VIII

LES REPRISES EN CAPITAL
OU EN ANNUITÉS

Pour tel village, dont les deux cents maisons sont en ruines, il faudra du fer, du bois, du ciment, de la chaux, du plâtre, des menuiseries ouvrées, de la serrurerie, etc.. etc. On en peut évaluer le cube, le poids ou le nombre, et c'est tout de suite que cette évaluation doit être faite pour être utilisée sans aucun retard à l'heure des reprises (1).

Et qu'on aille, si l'on veut, jusqu'à chiffrer les milliers d'arbres fruitiers que les pépinières allemandes auront à fournir pour repeupler nos vergers, jusqu'aux graines des

---

(1) Ce travail de prospection a été commencé, sous la haute direction du très sympathique inspecteur général, M. A'bert Bluzet, mais seulement pour ce qui se rapporte à la reconstruction des immeubles dans les 790 communes actuellement libérées.

L'enquête a montré que, pour ces communes, 455,000 mètres cubes de bois de charpente seraient nécessaires ; 150,000 mètres cubes de bois de menuiserie ; 27,000 tonnes de fer pour les charpentes et 5,000 tonnes pour la petite serrurerie. Pour la chaux, 297,000 tonnes. Le reste en proportion.

Il n'a été rien fait pour 250 communes actuellement comprises dans la zone des armées, ni pour les 2,500 communes que l'ennemi occupe dans les départements les plus riches et les plus peuplés.

De ce qui a été fait on peut déduire, ou induire, avec les divers

potagers, jusqu'aux détails infimes, parce que l'ensemble en est énorme et représente des dizaines de millions.

Si la sucrerie doit retrouver ses générateurs, ses batteries, ses bouilleurs, il lui faudra aussi des semences sélectionnées à distribuer à la culture.

A la filature, il faudra de l'huile à graisser pour ses métiers, des outils de toutes formes et de toute nature, du verre pour ses vitrages, des chassis, des brouettes, des harnais,.....

Nous ne continuons pas cet inventaire, nous voulons seulement en indiquer la complexité pour montrer combien il est urgent de le commencer.

*
* *

Il faudra, de même, payer la main-d'œuvre, les honoraires les frais de toute nature d'un devis de construction. Sait-on maintenant, pour ce même village, quel capital va y être englouti ? Nullement ! Personne encore n'y a songé, ayant en main un carnet et une plume. Où est le village allemand qui couvrira la dépense; le cercle qui répondra pour lui ; la province qui contribuera à la reconstitution ? On ne l'a pas encore cherché.

Capital comptant, crédit à organiser, tout est à calculer, à déterminer, à imputer au compte des collectivités débitrices que le soleil de l'Allemagne éclaire mais que nos lumières n'ont pas encore su découvrir.

*
* *

Voici, d'autre part, une commune qui, n'ayant plus de revenus, ne peut continuer l'amortissement de ses emprunts. Comment faire ?

moyens d'investigation dont on dispose, l'énormité des approvisionnements nécessaires à la reconstitution, non seulement pour reconstruire, mais pour outiller ces régions et pourvoir à leurs premiers besoins.

Est-ce sur nos stocks « préparés en vue de l'exportation » qu'on trouvera ces approvisionnements, le jour où, dans toute la France, les travaux,, partout arrêtés, vont reprendre et absorber toutes les ressources locales et toute la main-d'œuvre disponible ?

Suspendre le remboursement des annuités n'est qu'un expédient. Ce n'est pas une réparation.

Pour les dix départements envahis le total des annuités s'élève, pour les emprunts communaux, à 11 millions, et à 7 millions pour les emprunts départementaux. (*Journal officiel* du 11 octobre 1916, page 2071).

Ce passif, on en a le détail pour chacune des unités intéressées.

Or l'Allemagne a ses régions administratives correspondant à nos départements et aux communes.

Nous ferons, pour simplifier, un bloc des 18 millions ci-dessus, et nous ouvrirons un compte en Allemagne, sur des provinces à déterminer, au crédit de chacun de nos dix départements, pour sa part dans cette dette de 18 millions. La province allemande, répondant pour elle-même et pour ses communes, fera entre elles la répartition de la dette, puis, à chaque remboursement, chacune de nos dix préfectures imputera la recette au budget de son département et de ses communes, et cela jusqu'à complet amortissement du dernier emprunt en cours à la fin de la guerre.

Nous nous appliquerons, dans cette opération, à frapper juste, à atteindre le plus exactement possible la province allemande qui, par la nature de sa production, sa richesse, correspondra à chacun de nos départements victimes de l'invasion, mais s'il arrive que la Saxe prétende que la Silésie, plutôt qu'elle, devait être choisie, peu nous importe cette querelle à régler entre Allemands, pourvu que le débiteur que nous aurons désigné nous paie.

En deux mois, si l'on veut bien, cette préparation peut être dressée et tenue prête pour l'exécution immédiate, quand l'heure sera venue.

*
* *

Il en sera de même pour l'amortissement des emprunts des Chambres de commerce, ceux d'abord qu'elles ont dû contracter pendant la guerre, ceux aussi qui avaient aidé créer de précieux outillages, des lignes téléphoniques, des h ements, etc., aujourd'hui hors de service.

Nos compagnies de chemin de fer, grandes et petites, doivent également trouver des répondants en Allemagne pour les destructions dont elles ont été victimes.

*
* *

enfin une catégorie spéciale d'emprunts locaux qui furent créés pour la réparation des dommages apportés par la guerre de 1870.

Le Nord et l'Est eurent déjà, à cette époque, à souffrir de l'invasion, mais combien d'autres départements et communes furent alors envahis, depuis le département de Saône-et-Loire, jusque dans la région de l'Ouest.

Les uns ont amorti leur dette et ne réclameront pas. Mais Chaumont doit encore 277,000 francs. Amiens plus de deux millions. De pauvres petites communes sont, proportionnellement, tout aussi grevées du fait des Allemands, quand elles auraient tant besoin de leurs ressources, pour améliorer leur voirie, amener l'eau dans les prairies.

Les charges de la guerre actuelle vont encore aggraver leur détresse.

Elles aussi ont le droit de faire appel à la solidarité nationale, et l'article 40 du projet de loi en discussion leur donne satisfaction. L'Etat prend leur dette à sa charge.

C'est fort bien pour le moment, à condition que les quelques millions nécessaires à cet amortissement soient ajoutés aux autres reprises qui seront exercées contre les villes allemandes.

*
* *

En terminant cette étude, est-il nécessaire de conclure ?

La France est devenue une grande usine de guerre où l'on comptait, il y a deux ans, un nombre excessif de directeurs et de quelques ingénieurs.

Quant aux ouvriers, on les a longtemps cherchés dans les ateliers à peu près vides.

On en a mis aux munitions, au service de santé, à l'intendance, aux transports, à l'alimentation.

Il était grand temps. Il est maintenant tout aussi urgent, après avoir organisé la guerre, d'organiser la victoire.

Pour la réparation des dommages de guerre, on fait une loi sur un plan intéressant, d'après des vues nouvelles.

S'il s'agissait d'un avion en construction, nous dirions qu'on en voit avec contentement la vigoureuse ossature, que les moteurs paraissent être de bonne puissance, et qu'à l'essai, dans l'atelier, leur ronflement est plein de promesse.

Mais où sont les ailes ?

mécanos bien entrainés et les mitrailleurs intrépides ?

*
* *

A suivre la discussion de cette loi on peut penser qu'elle sera longue. Elle ne le sera jamais trop et il est probable qu'après l'avoir votée, on la remaniera deux ou trois fois avant la fin de la guerre.

Elle est, cette loi, comme un immense arbre de Noël, chargé de lumières, mais dont chaque spectateur ne voit qu'un côté.

Comités, commissions, conférences, rapports aux feuilles innombrables, discours, interventions diverses, tout contribue à l'ornement des rameaux et la vue est fort belle.

Seulement cet arbre n'a pas de racines bien qu'il doive vivre cinquante ans au moins après les fêtes de Noël.

Il est planté sur un point d'interrogation.

Avec quoi paiera-t-on les indemnités ?

La question vitale des ressources n'est pas encore résolue. On s'efforce de l'éluder.

En admettant qu'elle soit prématurée, elle plane sur tout le débat ; elle le domine et le dessèche.

Serait-ce donc diminuer notre volonté de vaincre et la certitude de notre victoire que donner à l'arbre des racines et d'en préparer l'implantation dans la bonne terre allemande, qui devra les alimenter des sucs nécessaires.

30 Novembre 1916.

TABLE DES MATIÈRES

Achevé d'imprimer le 31 janvier

par l'Imprimerie Saint-Léger a Evreux

(Cette première édition a été tirée à 2,000 ex.)